AF466431

L27n
32870

NOTICE

SUR

GABRIEL RUBEN

PRÊTRE DE L'ORATOIRE

PAR L'ABBÉ ARBELLOT

CHANOINE DE LIMOGES

LIMOGES
J.-B. LEBLANC
Rue Cruchedor

PARIS
RENÉ HATON
Rue Bonaparte, 33

1881

NOTICE

SUR

GABRIEL RUBEN

PRÊTRE DE L'ORATOIRE

I.— RUBEN (Gabriel), prêtre du diocèse de Limoges, théologal de l'église collégiale d'Eymoutiers, prieur de Villeneuve au diocèse de Rodez et de son annexe Saint-Pierre-de-Tholoniargues (1), plus tard prêtre de l'Oratoire et supérieur de la maison de Limoges, naquit à Eymoutiers, vers l'an 1620.

L'abbé Tabaraud, dans une Notice sur l'abbé Ruben qu'il a publiée en 1813 dans les *Annales de la Haute-Vienne* (2), prétend qu'il était né « à *Tréjac*, près Nontron, dans la partie du Périgord qui était du diocèse de Limoges ». Il dit, dans le même article, que Jacques Ruben, frère de Gabriel, était mort à *Tréjac*. Or il n'existe pas, aux environs de Nontron, de localité du nom de *Tréjac;* il y a, à la vérité, un paroisse de Tayjat : mais l'abbé Tabaraud la distingue parfaitement de Tréjac, puisqu'il dit, dans le même article, en parlant de l'abbé Nadaud, que « sa cure de Tayjat est voisine du lieu de naissance du P. Ruben ». Evidemment l'abbé Tabaraud se trompait, et il l'a reconnu lui-même, puisque, dans sa *Vie du P. Lejeune*, publiée dix-sept ans plus tard, en 1830, il dit que « Ruben (Gabriel) était né vers 1620 à Teyjac, près de Nontron en Périgord, à cinq lieues (?) de Limoges (3) ».

Cette assertion de l'abbé Tabaraud est sans valeur, parce qu'elle est en contradiction avec des documents du XVIIe siècle qui disent que Gabriel Ruben était né à Eymoutiers : ainsi le chanoine Collin, dans son livre des *Limousins illustres*, publié en 1660, parlant des prédications éloquentes que Gabriel Ruben avait faites à Limoges l'année précédente (1659), dit qu'il était

---

(1) NADAUD, *Mém. mss.*, T. IV, p. 283 (*Biblioth. Auguste Du Boys*).
(2) *Annales de la Haute-Vienne*, 1813, 19 octobre, p. 337.
(3) *Vie du P. Lejeune*, 1830, p. 37.

d'Eymoutiers (1); mais il y a mieux : dans l'épitaphe de son frère Jacques, qui était, comme lui, de la Congrégation de l'Oratoire, Gabriel Ruben, qui avait composé lui-même cette épitaphe, dit qu'*il était d'Eymoutiers* (*Ahentinus*). Le savant abbé Nadaud, qui a été longtemps curé de Teyjac, n'aurait pas ignoré cette circonstance de la naissance de Gabriel Ruben dans sa paroisse ou aux environs : or il dit formellement, dans plusieurs de ses manuscrits, que Gabriel Ruben était né à Eymoutiers (2).

Quelques autres savants du dernier siècle, l'abbé Vitrac, dans un Catalogue des écrivains du Limousin (3); l'abbé Dutheil, dans un Mémoire manuscrit sur la ville d'Eymoutiers (4); l'abbé Legros, dans ses Vies des Saints de notre province (5), reconnaissent également que cette ville était la patrie de Gabriel Ruben.

Au reste, l'abbé Tabaraud, dans la Notice que nous avons déjà citée, est forcé d'avouer « qu'il n'existe plus de famille de Ruben à *Tréjac* (sic). Nous sommes porté à croire, ajoute-t-il, que celle du P. Ruben s'était *transplantée* à Eymoutiers, et que M. Ruben de la Condamine (6), lieutenant particulier à Limoges avant la révolution, appartenait à cette famille. C'était la tradition conservée dans la Maison de l'Oratoire; c'était aussi l'opinion de ce magistrat, mort en 1810, dont la famille tient un rang honorable dans la même ville (7) ».

Dans sa *Vie du P. Lejeune*, publiée en 1830, l'abbé Tabaraud dit encore, en parlant de Gabriel Ruben : « Sa famille, *transportée* à Eymoutiers, y a toujours occupé un rang honorable; elle est

---

(1) « N. Ruben, Ahentin. » (Collin, *Lemovici multiplici eruditione illustres*, 1660, p. 71.)

(2) Nadaud, *Pouillé mss.*, T. 11, p. 35 (*Grand-Séminaire*). — *Mémoires ms.*, T. IV, p. 35 (*Biblioth. Auguste Du Boys*).

(3) *Calendrier limousin de* 1781, p. 59.

(4) *Détail historique de la ville d'Eymoutiers*, par l'abbé Dutheil, chanoine et curé de Notre-Dame d'Eymoutiers : ap. Legros, *Mémoires mss.* sur les Chapitres du Limousin, p. 181.

(5) *Vies mss. des saints du Limousin*, 23 janvier, T. I, p. 263-265. — L'abbé Legros a confondu Gabriel Ruben avec Jacques Ruben, son frère.

(6) Madame Paul Noualhier, au château de Linards, et sa sœur, Madame de Bellabre, à Puyjoubert, commune de la Geneytouse, sont les dernières représentantes de cette branche de la famille Ruben.

(7) *Annales de la Haute-Vienne*, 1813, p. 337. (Bibliothèque communale de Limoges.)

représentée aujourd'hui par M. Ruben, juge de paix, et par M. l'abbé Ruben, supérieur du noviciat des Sulpiciens à Issy, à peu de distance de Paris (1) ».

S'il est vrai que cette famille se soit « transplantée » ou « transportée » à Eymoutiers, comme le pense l'abbé Tabaraud, il faut croire que c'est bien longtemps avant la naissance de Gabriel Ruben. En effet, Léonard Ruben était chanoine d'Eymoutiers en 1513 (2). Une ursuline d'Eymoutiers, dont on lit la biographie dans les *Vies des saints du Limousin*, par l'abbé Labiche, Gabrielle Ruben, née en 1617, était fille d'Antoine Ruben et d'Antoinette de Lestrade, et les écrivains de sa vie disent qu'elle appartenait à l'une des plus anciennes et des plus considérables familles de cette ville, laquelle a produit plusieurs personnes d'un mérite distingué par leur science et leur piété, tant dans l'état ecclésiastique que dans l'état séculier » (3). Jean Ruben, que Nadaud a confondu avec Gabriel (4), et qui était probablement son oncle, était chanoine et théologal de l'église d'Eymoutiers en 1636 (5) et 1642 (6). Au XVIIe siècle, nous trouvons encore noble Antoine de Ruben, écuyer, seigneur de la Vialle, fils aîné de Pierre Ruben de Lombre, écuyer, seigneur dudit lieu, qui épousa, le 19 août 1663, damoiselle Jeanne de Coudert, qui tirait son nom du château de Coudert, près de Treignac (Corrèze) (7). On trouve, à la même époque, d'autres membres de cette famille mentionnés dans le *Nobiliaire Limousin* (8). Donc, quoique l'abbé Tabaraud prétende que sa Notice sur

---

(1) *Vie du P. Lejeune*, 1830, p. 37. — M. Hervy, notaire, petit-neveu de l'abbé Tabaraud, possède un exemplaire de cet ouvrage.

(2) NADAUD, *Pouillé ms.*, T. I, p. 144.

(3) L'ABBÉ LABICHE, *Vies des saints du Limousin*, T. III, p. 359.

(4) NADAUD, *Mém. mss.*, T. IV, p. 165. (*Biblioth. Aug. Du Boys.*)

(5) NADAUD, *ibid.*

(6) *Registre ms. des Ursulines d'Eymoutiers*, p. 3. (*Bibliothèque du Grand-Séminaire.*)

(7) Notes mss. sur la famille *de Coudert*, communiquées par M. Ruben de Couder, ancien secrétaire de la mairie, à Limoges. Avant la révolution, M. Ruben de Couder était subdélégué de l'Intendance à Eymoutiers. La branche Ruben de Couder est encore représentée aujourd'hui par M. Ruben de Couder, membre du Conseil général de la Seine, président du tribunal d'Auxerre, et par M. Ruben de Couder, à Virelade, près de Bordeaux, père de Madame veuve Théodore Bac.

(8) NADAUD, *Nobiliaire Limousin*, T. IV, p. 126.

Gabriel Ruben soit tirée pour la plus grande partie des trois biographies manuscrites de l'Oratoire, composées par les PP. Cloysault, Bougerel et Battarel, nous pensons qu'il est dans l'erreur quand il place la naissance de Gabriel Ruben à Tréjac (localité inconnue) ou à Tayjac : les documents que nous avons cités démontrent qu'il était né à Eymoutiers.

II. — « Né avec un heureux talent pour la chaire », Gabriel Ruben « s'était déjà fait une brillante réputation dans nos provinces par son éloquence, lorsque le P. Lejeune, que le même talent avait rendu célèbre dans toute la France, fut attiré à Limoges par M. de la Fayette, évêque de cette ville. M. Ruben s'empressa de venir se former sous un si grand maître. Accoutumé à recevoir des applaudissements, il ambitionna d'obtenir le suffrage d'un si habile connaisseur. Mais, au lieu du compliment qu'il en attendait, le vénérable missionnaire lui dit avec une pieuse candeur : « Vous avez un grand talent pour vous damner ». Cette parole fut un trait de lumière pour le jeune orateur, qui, dès ce moment, mit plus de simplicité dans ses compositions, plus de naturel dans son style, et plus de modestie dans son débit. Ses discours gagnèrent du côté de l'instruction ce qu'ils perdirent du côté de l'éclat, et les fruits en furent plus sensibles sur ses auditeurs. Il s'attacha à celui qui avait opéré en lui un tel changement, le suivit dans ses courses apostoliques, devint son plus fidèle disciple, le plus constant et le plus zélé de ses coopérateurs dans les missions du diocèse, et se fit un devoir, après la mort de ce saint missionnaire, de célébrer sa mémoire, de rendre hommage à ses vertus, et de transmettre à la postérité les principaux traits de sa vie dans le discours funèbre dont nous parlerons à la fin de cet article (1). »

III. — Si nous en croyons l'écrivain du dernier siècle qui a raconté la vie de Marcelle Chambon, dite Madame Germain, le P. Lejeune n'aurait pas été le seul qui eût donné au jeune prédicateur une leçon salutaire. Un avocat de Treignac, M. Chaussade, qui, après la mort de son épouse, avait le dessein d'entrer dans l'état ecclésiastique, consulta Gabriel Ruben sur sa vocation, et le mit en rapport avec Marcelle Chambon, cette pieuse et illustre veuve qui fut plus tard fondatrice du couvent de la Providence à Limoges. Dans une de ses conversations familières

(1) L'abbé Tabaraud, *Annales de la Haute-Vienne*, 1813, p. 337. — *Vie du P. Lejeune*, 1830, p. 37.

qu'ils avaient ensemble sur des sujets de religion et de piété, Madame Germain lui parla à peu près en ces termes : « Vous avez reçu du ciel des talents propres à former un apôtre. Mais, au lieu de faire servir vos talents à la gloire de Dieu, vous montez dans la chaire de la vérité, et vous ne prêchez que vous-même. Vous prononcez des discours fleuris et recherchés qui flattent l'oreille sans toucher le cœur : à ces traits, peut-on reconnaître un ministre de Jésus-Christ? Tremblez ! oui, tremblez dans la crainte du compte terrible que vous rendrez au souverain Juge pour avoir abusé de vos talents ! » Ces paroles, prononcées avec cette force que la grâce seule peut inspirer, firent une vive impression sur son esprit et sur son cœur. Il se rendit sur le champ au séminaire de Saint-Sulpice, à Paris; il y vit, comme on y voit encore aujourd'hui, les plus habiles maîtres dans l'art difficile de former les jeunes candidats du sacerdoce à la piété et à la connaissance approfondie des vérités de la religion. Sous la direction de ces vertueux et savants ecclésiastiques, il connut toute l'étendue de ses devoirs, et se fit un plan de conduite conforme à la sainteté de son état et à la grandeur de son ministère. De retour à Limoges, il annonça la parole de Dieu avec toute la simplicité évangélique, sans l'avilir et la dégrader par les vains ornements d'une éloquence tout humaine. Il devint, en peu d'années, un des plus grands et des plus fameux missionnaires de son siècle (1).

IV. — Gabriel Ruben fut, avec son frère, l'abbé Jacques Ruben, le coopérateur le plus actif et le plus zélé de Marcelle Chambon dans la fondation du couvent de la Providence. Ce couvent était destiné à offrir un asile et à procurer une éducation chrétienne à de jeunes orphelines que l'indigence et le manque d'éducation auraient exposées, au milieu du monde, à de grands périls. La pieuse veuve, qui s'était permis d'abord de donner de salutaires conseils à l'abbé Ruben, lui en demandait à son tour, et s'était placée sous sa direction spirituelle. Le prieur de Villeneuve (c'est ainsi qu'on l'appelait alors) se montra digne d'un pareil choix. L'an 1651, quand Madame Germain établit sa communauté naissante dans sa maison, située rue du Collège, en face des Pères Jésuites, ce fut Gabriel Ruben qui, agissant en vertu des ordres de Mgr l'évêque François de la Fayette, plaça solen-

(1) *La Vie de la vénérable servante de Dieu Marcelle Chambon, dite Madame Germain*. A Limoges, chez Pierre Chapoulaud (*sans date ni nom d'auteur*). — (*Par l'abbé Roby*, 1770), p. 45, 46.

nellement une croix sur la porte de cette maison, désormais consacrée à Dieu et au service des orphelines (1). Mais des obstacles de divers genres entravaient les progrès de cette œuvre : le P. Lejeune, qui connaissait le mérite et appréciait les vertus de la pieuse veuve, voulut bien lui prêter son appui, et la mit à la tête de l'association des Dames de charité qu'il établit dans la ville de Limoges, et qui, après avoir tenu sa première assemblée dans l'église de de l'Oratoire, rue Manigne (juillet 1656), se réunissait, rue du Collège, dans la petite chapelle de la maison de Madame Germain. Fort de l'appui et des encouragements du P. Lejeune, Gabriel Ruben aida Marcelle Chambon à triompher des nombreux obstacles que rencontrait ce nouvel établissement ; et quand la fondatrice de l'œuvre voulut installer sa communauté dans son ancienne maison paternelle qui était précédemment l'auberge de la Trappe (aujourd'hui caserne de la Providence), c'est avec Gabriel Ruben et M. Maillard, official du diocèse, qu'elle prit possession, le 13 décembre 1659, du bâtiment qu'elle venait d'acquérir (2). La chapelle de Notre-Dame-du-Puy, qui était proche, fut affectée à la nouvelle communauté : c'est Gabriel Ruben qui lui procura les ornements nécessaires au culte divin (3). Cette maison naissante, qui avait de grands besoins, attendait le secours de la Providence, dont elle portait le nom : c'est Gabriel Ruben et son frère Jacques qui furent à son égard les instruments de la Providence par leurs dons généreux. « Messieurs les Rubens, frères prêtres, dit le P. Bonaventure dans son vieux langage, assistèrent beaucoup cette famille dans ses nécessités (4). »

Un mois après le prise de possession, le dimanche dans l'octave de l'Epiphanie 1660, lorsque la messe fut chantée solennellement et le Saint-Sacrement exposé dans la chapelle du nouveau monastère, c'est Gabriel Ruben qui, au milieu d'un grand concours du peuple, prononça le sermon, dont on admira et applaudit l'éloquence (5). L'année suivante (1661), le dimanche dans l'octave de l'Epiphanie, Mgr de la Fayette donna solennellement l'habit religieux aux premières filles de la Providence : Gabriel Ruben les avait préparées à cet acte solennel par une

---

(1) P. Bonavent., T. III, p. 855. — Roby, *Vie de Marcelle Chambon*, p. 53.

(2) *Vie de Marcelle Chambon* (par l'abbé Roby), p. 68.

(3) P. Bonavent., T. III, p. 855.

(4) Id., ibid., p. 856.

(5) P. Bonavent., T. III, p. 855. — *Vie de Marcelle Chambon*, p. 69.

retraite de dix jours, et le P. Bonaventure ne manque pas de signaler la présence des deux frères Ruben à cette cérémonie (1), comme étant les principaux coopérateurs de Marcelle Chambon dans la fondation de ce monastère. Cette même année, Madame Germain, quelques mois avant de mourir, allait encourager par ses pieux exemples les exercices d'une mission que Gabriel Ruben prêchait dans la paroisse de Bujaleuf, puis se rendait, sur sa demande, chez les Ursulines d'Eymoutiers, et revenait terminer à Limoges, au milieu des témoignages de la vénération publique, une vie toute remplie de bonnes œuvres (2). » M. Ruben, nous dit le P. Roby dans sa Vie de Marcelle Chambon, qui dirigea si longtemps sa conscience et qui se prêta avec tant de zèle à la réussite de ses bonnes œuvres, étant entré dans la Congrégation de l'Oratoire et devenu supérieur de la maison qu'elle occupe à Limoges, recueillit des mémoires authentiques et fidèles qui pussent servir un jour à l'histoire de sa sainte vie, afin d'immortaliser dans l'Eglise son nom, ses mérites et sa gloire (3). »

V. — Les talents et le mérite de Gabriel Ruben lui valurent divers bénéfices ecclésiastiques, que nous trouvons mentionnés dans les Mémoires manuscrits de l'abbé Nadaud :

« Gabriel Ruben, prêtre du diocèse de Limoges, docteur en théologie, théologal de la collégiale d'Eymoutiers, prieur de Villeneuve (4) et de son annexe Saint-Pierre de Tholoniargues, diocèse de Rhodez, obtint en commande le prieuré-cure de Bujaleuf en 1663. Il le résigna, l'année suivante, à Jacques Ruben (son frère). Il résigna en 1664 la théologale d'Eymoutiers.

» Le 20 juin 1673, les chanoines d'Eymoutiers l'élurent unanimement pour prévôt (5).

» Le chantre de la cathédrale de Limoges le nomma en 1674 à la vicairie du Puy qui est (*sic*) dans la cathédrale : il la résigna en 1688 (6). »

---

(1) P. Bonavent., T. III, p. 856. — *Vie de Marcelle Chambon*, p. 87.

(2) Roby, *Vie de Marcelle Chambon*, p. 89, 90, 93.

(3) *Vie de Marcelle Chambon*, p. 95, 96.

(4) Et non pas *de la Villeneuve*, comme dit l'abbé Tabaraud dans sa Vie du P. Lejeune. – A.

(5) L'abbé Legros l'a omis dans sa liste des prévôts du chapitre d'Eymoutiers. Au reste, il ne parait pas qu'il ait gardé longtemps cette prévôté.

(6) Nadaud, *Mém. mss*, T. IV, p. 283. (Bibliothèque Auguste Du Boys.)

VI. — Gabriel Ruben fut surtout un prédicateur. Son zèle ne se borna pas à évangéliser sa province natale : il fut appelé à prêcher dans plusieurs cathédrales de France, et partout son zèle produisit des fruits merveilleux. Il nous serait impossible — les notes historiques nous faisant défaut — de faire une énumération complète de ses diverses stations d'Avent et de Carême et des nombreuses missions qu'il donna dans le diocèse de Limoges, tantôt sous la direction du P. Lejeune, tantôt comme chef de mission : nous nous bornerons à en signaler quelques-unes.

« En 1659, dit le chanoine Collin dans son livre des *Limousins illustres*, publié l'année suivante (1660), l'abbé Ruben, d'Eymoutiers, célèbre par son éloquence apostolique, prêchait à Limoges et ramenait un grand nombre d'hommes à de meilleurs sentiments (1). »

« C'était, dit l'abbé Nadaud, un prédicateur plein d'éloquence et d'onction ; il fit beaucoup de conversions à Limoges en 1659, et y prêcha, la même année, l'Avent et le Carême (2). »

Vers la fin de cette année 1659, il alla prêcher l'Avent dans l'église de Saint-Sernin de Toulouse ; et il fut, dans cette même église, l'année suivante, le prédicateur du Carême : pour récompenser ses travaux, le chapitre métropolitain lui accorda le titre de chanoine honoraire (3).

En 1661, comme nous l'avons dit déjà, il donnait une mission à Bujaleuf.

En 1666, le 28 avril, il prononça, dans l'église de Saint-Martin de Brive, l'oraison funèbre de la reine Anne d'Autriche, et cet éloquent discours lui fit le plus grand honneur (4).

En 1668, il donna une mission dans l'église d'Orgnac (5), aujourd'hui diocèse de Tulle.

En 1672, trois semaines avant la mort du P. Lejeune, qui eut lieu le 19 août, il alla donner une mission dans la paroisse de Buxerolles (6), aujourd'hui diocèse d'Angoulême.

---

(1) « N. Ruben Aentin. Apostolica facundia celebris, concionibus sacris, et Spiritus Sancti afflatu, mortales plurimos ad saniorem mentem Lemovicis revocabat. (*Lemovici multiplici eruditione illustres*, 1660, p. 71.) »

(2) Nadaud, *Mém. mss.*, T. IV, p. 165. (*Biblioth.* Aug. Du Boys.)

(3) *Annales de la Haute-Vienne*, 1813, 31 août, p. 281.

(4) P. Laforest, *Limoges au XVIIe siècle*, p. 572.

(5) Nadaud, *Mém. mss.*, T. IV, p. 165.

(6) G. Ruben, *Discours sur la Vie et la Mort du P. Lejeune*, 1677, p. 158.

Après la mort du P. Lejeune, il fut chargé par Mgr de Lafayètte, évêque de Limoges, de faire l'oraison funèbre du célèbre missionnaire, et, le 21 octobre de la même année, dans l'église de Saint-Pierre, au milieu du service religieux, que l'évêque voulut célébrer lui-même, Gabriel Ruben, pendant deux heures, tint son auditoire palpitant sous l'émotion de sa parole, au milieu des larmes et des sanglots.

VII.—La vénération personnelle qu'il avait pour le Père Lejeune s'étendit sur la congrégation de l'Oratoire à laquelle cet illustre missionnaire fait tant d'honneur. Il conçut le dessein d'en devenir membre lui-même. Il y fut reçu, en 1679, avec Jacques Ruben, son frère, et quelques autres ecclésiastiques du diocèse qui s'étaient également consacrés aux missions, MM. de La Fargue et de Tort de Gransaigne, tous disciples chéris de leur maître commun. Les deux frères furent envoyés à Notre-Dame des Vertus, près de Paris, où l'Oratoire entretenait un corps de réserve, dont on détachait, au besoin, de petites colonies qui allaient exercer leur ministère dans les divers diocèses, à la demande des évêques.

C'est de là que le P. Gabriel Ruben fut tiré, l'année suivante (1680), pour aller faire à Angoulême des conférences ecclésiastiques qui eurent un tel succès qu'on voulut le fixer dans cette ville en lui offrant la cure importante de Saint-André. Mais la Providence en disposa autrement. Ses supérieurs l'envoyèrent dans les missions du Midi, auxquelles le gouvernement attachait une grande importance, parce que c'était dans ces contrées que les Calvinistes se trouvaient les plus nombreux, et qu'en général les nouveaux convertis avaient plus de confiance aux missionnaires de l'Oratoire qu'à ceux des autres corps.

Le P. Ruben avait alors soixante ans ; mais les glaces de la vieillesse n'avaient pas refroidi son zèle ni amorti son ardeur. Cette même année 1680, il alla prêcher l'Avent et le Carême à Montpellier, station d'autant plus importante que cette ville était remplie de protestants. Il prêcha d'une manière si distinguée, que le cardinal de Bonzy, archevêque de Narbonne, président des Etats de Languedoc, le retint pour le Carême de sa cathédrale de l'année 1682. Le cardinal de Grimaldi, archevêque d'Aix, lui fit le même honneur en 1685. Dans les intervalles de ces différentes stations, les deux frères furent employés dans les missions des Cévennes, pays presque entièrement couvert de Huguenots, et où leur zèle fut couronné des plus heureux succès. De là le P. Gabriel Ruben se rendit à Niort pour y travailler à l'instruction des nouveaux catholiques, genre de vocation pour lequel on lui connaissait un talent particulier. Ce fut là le terme de ses travaux apostoliques hors du Limousin. Il revint dans sa patrie reprendre le cours de ses missions.

Malgré ces nombreuses prédications dans divers diocèses, il faut dire que le principal théâtre des travaux apostoliques des deux frères fut le diocèse de Limoges. Ils y continuèrent avec fruit l'œuvre du P. Lejeune, et s'y rendirent recommandables par d'utiles établissements (1). Nous avons vu que Gabriel Ruben avait grandement travaillé, avec Marcelle Chambon, à la fondation du couvent de la Providence : les deux frères concoururent aussi à diverses fondations qui furent formées sous l'épiscopat de Mgr de la Fayette, pour régler dans le diocèse la discipline ecclésiastique et y faire fleurir la piété, telles que le séminaire de la Mission (1662) et celui des Ordinands (1666).

C'est au milieu de tous ces travaux que le P. Ruben termina sa carrière vraiment apostolique, le 14 février 1693, étant supérieur de la maison de l'Oratoire à Limoges. Son frère l'avait précédé dans la tombe depuis quelques années (25 janvier 1686) : et c'est lui qui, en composant son épitaphe, rendit un hommage solennel à sa mémoire.

VIII. — Le talent oratoire et le zèle apostolique de Gabriel Ruben lui avaient fait une telle réputation dans notre province, que, peu d'années après sa mort, l'abbé Cognasse du Carrier, prêchant à Limoges, dans l'église de l'Oratoire, un sermon sur les *Grandeurs de Jésus*, pouvait faire l'éloge suivant du pieux missionnaire : « Combien de grands hommes sont sortis de cette maison où j'ay l'honneur de parler ? Vous n'avez pas perdu, Messieurs, le souvenir de ce grand prédicateur que la mort nous ravit, il y a peu d'années, épuisé par ses travaux apostoliques ; — cet homme dont les rares talens ont fait si longtemps notre admiration, et qui a rempli pendant tant d'années nos premières chaires avec un concours si général et une réputation si soutenue ; — cet homme enfin plus admirable aux yeux de ses confrères par sa profonde humilité et par sa vie si intérieure et si pénitente, qu'aux yeux du monde par tous ses talens (2). »

IX. — On a de lui l'ouvrage suivant :

---

(1) L'ABBÉ TABARAUD, *Annales de la Haute-Vienne*, 1813, 19 octobre, p. 337 ; — *Vie du P. Lejeune*, 1830, p. 38, 39.

(2) *Recueil de quelques sermons prononcés par M. l'abbé du Carrier*, 1697, p. 38 ; — *Panégyrique des Grandeurs de Jésus, prêché à Limoges dans l'église des RR. PP. de l'Oratoire.*

Discours funèbre sur la vie et la mort du R. P. Le Jeune, appelé communément le Père aveugle, prestre de la Congrégation de l'Oratoire de Jésus, prononcé par ordre et en présence de Monseigneur l'Evesque de Limoges, dans la principale paroisse de son diocèse, par Monsieur G. Ruben, docteur en théologie, prieur de Villeneuve. — Limoges, Martial Barbou, 1674, in-8.

Dans la seconde édition, imprimée à Limoges, mais qui se vendait à PARIS, CHEZ JEAN-BAPTISTE COIGNARD, rue Saint-Jacques, à la Bible d'or, 1677, — le titre précédent fut modifié de la sorte : *Abrégé de la Vie du R. P. Jean Le Jeune, dit le Père aveugle, prestre de l'Oratoire de Jésus*, contenu dans son éloge prononcé par ordre, etc. (*comme ci-dessus*).

Une troisième édition de cet ouvrage (Toulouse, 1679) nous est signalée par le P. Lelong, dans sa Bibliothèque historique(1), et par l'abbé Tabaraud, qui dit que ce discours a été réimprimé à la fin du dernier volume des œuvres du P. Lejeune (2).

Mgr de Lafayette, qui avait ordonné à Gabriel Ruben de prononcer cette oraison funèbre, lui ordonna également de la faire imprimer. L'auteur, qui la publia en 1674, la dédia naturellement à l'évêque. « Quoique le débit de ce discours eut duré deux heures, dit l'abbé Tabaraud, l'orateur crut devoir lui donner plus d'étendue à l'impression, pour y insérer plusieurs faits dont il avait été lui-même le témoin. Le style en est naturel et en général assez pur, le fond intéressant, et les matières distribuées avec beaucoup d'ordre (3). »

« Ce discours, dit autre part le même écrivain, plus historique qu'oratoire, est surtout précieux par les détails intéressants qu'il contient sur la vie de celui qui en est le sujet : l'auteur avait été témoin des faits qu'il raconte, qu'on trouverait difficilement ailleurs (4). »

M. Pierre Laforest mêle la critique à l'éloge. « Ce discours dit-il, qui nous a été conservé, est intéressant en ce qu'il donne la mesure de l'art oratoire à Limoges vers le milieu de la seconde moitié du XVIIe siècle. L'œuvre de Gabriel Ruben n'est pas sans défaut : le style en est quelque peu déclamatoire, la

---

(1) LELONG, édit. Fontette, T. I. nº 11,206.

(2) *Vie du P. Lejeune*, p. 40.

(3) *Annales de la Haute-Vienne*, 1813, p. 338.

(4) *Vie du P. Lejeune*, 1830, p. 40.

phrase manque de sobriété; mais la harangue est semée de réflexions justes, appropriées au sujet, et l'orateur pénètre par l'analyse dans toutes les parties de la vie de son héros (1). »

X. — Donnons un court aperçu de cette oraison funèbre :

L'orateur prend pour texte ce passage de l'évangile de saint Jean : « *Fuit homo missus a Deo, cui nomen erat Joannes : hic venit in testimonium, ut testimonium perhiberet de lumine, ut omnes crederent per illum.* » (JOAN., I.)

« *Il y eut un homme envoyé de Dieu, qui s'appelait Jean. Il vint pour servir de témoin, pour rendre témoignage à la lumière, afin que tous crussent par lui* ».

Ce texte lui fournit le plan de son discours, et l'oraison funèbre n'est qu'un développement très heureux de ces paroles.

PREMIÈRE PARTIE : *Fuit homo missus à Deo : Il y eut un homme envoyé de Dieu.*

Dans cette première partie, Gabriel Ruben montre que le P. Jean Lejeune a été un homme de Dieu, un homme envoyé de Dieu, « un homme qui s'est toujours mis entre Dieu et les hommes, qui allait pour cela toujours de l'autel à la chaire et de la chaire à l'autel. » (p. 25.)

Il loue sa grande charité envers les pauvres et sa piété envers Dieu; il rappelle à cette occasion qu'il a établi les associations de Dames de Charité dans la ville de Limoges et dans la plupart des villes du diocèse : « On peut bien dire qu'ayant aimé les pauvres pendant sa vie il les a encore aimés à la mort; mais que dis-je? à la mort : il a eu plus de charité que de vie, et il a trouvé le secret de soulager les pauvres, même après sa mort. Ces sociétés si saintes des Dames de la Charité qu'il a érigées par votre autorité, Monseigneur, dans tous les lieux de votre diocèse, publieront dans les siècles à venir que sa charité n'a pu mourir avec lui; ces assemblées seront de perpétuels monuments de l'amour qu'il avait pour les pauvres. Il leur a inspiré une conduite si douce et des règles si saintes que, lorsque les personnes qui composent ces compagnies s'en acquittent dignement, elles délivrent une infinité de misérables de l'une et de l'autre mort, guérissant les uns, qui périroient infailliblement sans leur secours, et procurant les sacrements à plusieurs autres, qui ne sortiroient de la misère du temps que pour être replongés, après cette vie, dans les misères insup-

(1) *Limoges au* XVIIe *siècle*, p. 572.

portables d'une éternité malheureuse. J'ai vu même dans de petites villes des fruits merveilleux de ces sociétés. La ferveur des personnes qui les composoient m'a donné de l'étonnement; l'iniquité avec tous ses artifices et ses déguisements avoit bien de la peine à se dérober à leurs yeux et au zèle dont elles étoient remplies; elles l'attaquoient partout, et, n'étant pas moins touchées des misères de l'âme que de celles du corps, elles travailloient avec une vigueur égale à la conversion des pécheurs et au soulagement des misérables. L'illustre compagnie des Dames de la Charité de cette ville est la fille aînée de son zèle pour les pauvres et la mère de toutes les autres qui sont dans le diocèse. Elle a reçu « les prémices de l'esprit » de cet homme apostolique, et elle a été le premier objet de ses tendresses et de ses soins. Dieu veuille qu'elle fasse toujours ses efforts « pour croître de plus en plus dans la charité, » afin de pouvoir être la joie et la couronne de son instituteur ! » (p. 35-38.) Puis, parlant des vertus que l'apôtre, dans son épître à Timothée (VI, 11), recommande à *l'homme de Dieu*, Gabriel Ruben exalte la foi, la patience, la douceur et la bonté du saint missionnaire. (p. 59.)

Il n'est pas jusqu'au mot latin *fuit*, le premier de son texte, qui ne lui fournisse matière à un beau développement :

« L'évangéliste change de façon de parler en passant de l'éternité au temps. Il avait dit : « Au commencement étoit le Verbe, *erat.* » Il se sert du prétérit imparfait en parlant des choses éternelles, pour marquer qu'elles ont toujours été, et qu'elles sont encore : mais, quand il parle des choses temporelles, il se sert du prétérit parfait, *fuit*, pour nous apprendre qu'elles ont été, mais qu'elles ne sont plus. *Fuit* : ce grand homme a été, il n'est donc plus! faut-il ou parler, ou pleurer? Si l'on doit pleurer « un mort selon son mérite », il faudroit répandre un torrent de larmes, et notre douleur devroit être sans consolation, puisque nous venons de faire une perte irréparable. Il faudroit en cette occasion un deuil public, selon l'expression de l'Ecriture — *Vocate lamentatrices ;* que tout le monde gémît aux funérailles de ce grand homme, et que l'Eglise s'affligeât comme l'on s'afflige sur la mort d'un fils unique. *Fuit* : quoi donc ! ce grand homme n'est plus ! Ce missionnaire, ce pénitent, ce martyr, cet apôtre ! nous ne le verrons donc plus, ce miracle de notre siècle ! Nous n'entendrons donc plus de cette bouche si sainte les oracles de la vérité et de la vie qui ont sanctifié tant de peuples et qui ont converti tant de pécheurs ! Quoi donc! cet organe si pur du Saint-Esprit est fermé pour jamais! ce flambeau si ardent et si luisant vient d'être éteint! Pleurons donc, mes frères, pleurons, non sur lui, mais sur nous, puisque nous venons de perdre un aveugle si éclairé, que l'on peut dire avec vérité qu'il étoit « la lumière de nos yeux », la joie de tous les gens de bien, la consolation de tous les affligés, le guide des pécheurs, l'asile des pauvres, le modèle accompli des prédicateurs évangéliques et des véritables missionnaires. A qui nous adresserons-nous maintenant dans nos doutes et dans nos peines? Notre père, pourquoi nous avez-vous quittés? Votre séparation nous plonge dans une désolation extrême... « Nous avions tout en vous possédant », et nous n'avons pu vous perdre sans perdre toutes choses avec vous ». (p. 16-20.)

SECONDE PARTIE. — Gabriel Ruben, dans la seconde partie de son discours, commentant ces paroles de son texte : — « *Cui nomen erat Johannes*, un homme qui s'appelait Jean, » — montre que le P. Lejeune a rempli admirablement le nom de Jean qu'il portait ; et, prenant saint Jean-Baptiste pour point de comparaison, il dit que le P. Lejeune était comme lui de noble race, qu'il était d'une famille patricienne ; il vante surtout sa mère, « qui a mené une vie si réglée et si sainte, qu'elle a embaumé en mourant toute la comté de Bourgogne, semblable en cela à certain oiseau de Chypre, qui, étant brûlé et ne laissant qu'un peu de cendre, remplit tous les lieux voisins de l'odeur de ses parfums ». (p. 78.)

Comme saint Jean aimait le désert, le P. Lejeune se plaisait dans les campagnes et aimait à évangéliser les pauvres. Comme saint Jean a été envoyé de Dieu, le P. Lejeune a eu une mission légitime : « Jamais mission ne fut plus légitime que celle de notre aveugle. Vous l'avez été chercher, Messieurs de Limoges, jusqu'au bout du royaume, et nous avons été assez heureux pour être préférés à tant d'autres diocèses ; car il étoit demandé, l'on accouroit à luy de toutes parts comme à un autre saint Jean. Que ne dirois-je pas, Monseigneur, si vous étiez absent pour un moment, et si j'avois la liberté de parler de vous sans que vous me pussiez entendre, ou qu'il me fût permis de parler de vous à vous-même? Mais pourquoi tairois-je ce que tout le monde sait? Ce qui est public a perdu le droit du silence et du secret. C'est vous, Monseigneur, qui, ayant la plénitude du sacerdoce, et étant la source de la mission légitime, ne vous êtes pas contenté d'attirer ce grand homme dans votre diocèse et de l'envoyer partout pour y jeter le feu que le Fils de Dieu est venu porter sur la terre, mais qui l'avez obligé d'y faire son séjour. Votre charité, aussi ardente que celle des disciples qui alloient en Emmaüs, l'a arrêté, et Jésus-Christ en sa personne, sur le déclin et sur le soir d'une vieillesse si sainte... Les cours souveraines, les plus grandes villes du royaume, les Etats généraux du Languedoc, les ducs et pairs de France, et plusieurs de messeigneurs les prélats vos confrères, n'ont pas eu assez de force et d'attraits pour l'arracher d'entre vos mains paternelles et pour l'enlever à votre diocèse : on a été contraint de se réduire à vous l'emprunter quelquefois ; et on a regardé comme une faveur bien précieuse le peu de temps que vous l'accordiez aux grandes sollicitations que l'on vous faisoit de tous côtés. » (p. 85-88.)

Non-seulement la mission du P. Lejeune a été légitime, mais elle a été universelle et de longue durée, puisqu'elle a embrassé presque tout le royaume et qu'elle a duré plus de soixante années : « Vous avez ouï qu'à l'âge de quinze ou seize ans il avoit déjà une grâce apostolique, et comme un autre saint Jean il avoit été pris dès le berceau et envoyé pour porter l'Evangile aux pauvres. Le royaume a été trop petit pour ses courses apostoliques : il a parcouru et fait des missions dans la Lorraine, dans la Flandre, dans la Franche-Comté, dans la comté d'Avignon, après avoir parcouru en qualité de missionnaire le duché de Bourgogne, la Provence, la Champagne, la Picardie, la Normandie, la Touraine et le Berry, la Bretagne, l'Auvergne et le Limosin. De sorte qu'on peut dire que, si la grâce a ses âges et ses accroissements comme la nature, la Franche-Comté a vu la naissance de son apostolat, la France en a vu le progrès, et le Limosin en a vu la plénitude et la perfection ». (p. 91-92.)

Puis l'orateur parle du zèle que le P. Lejeune a déployé dans les missions : « Il a témoigné un zèle si brûlant et une charité si ardente, que rien n'a été capable d'en diminuer tant soit peu les ardeurs ; il n'y a point de difficultés qu'il n'ait surmontées, point de travaux qu'il n'ait soufferts, point de courses qu'il n'ait entreprises ; et rien n'a jamais paru ni impossible, ni même difficile à son zèle. Dans la première mission qu'il fit à Saint-Junien en plein hiver, la litière qui l'y portoit ayant été renversée sous le pont de l'Aurance, à demi-lieue seulement de Limoges, notre saint Aveugle se trouva sous les eaux comme un autre saint Paul ; et, en étant sorti comme lui par miracle, il ne songea qu'à sa mission, et, sans vouloir écouter les prières qu'on lui faisoit, ou de revenir à Limoges ou de se jeter en quelque village pour se sécher il se fit porter tout glacé à Saint-Junien, qui est à quatre ou cinq lieues de là, ne voulant point d'autre feu pour se sécher que celui que l'amour de Dieu allume dans les cœurs, qui, bien loin de s'éteindre comme les feux communs, se fortifie et prend de nouveaux accroissements au milieu des naufrages et des eaux ». (p. 97-98.)

Gabriel Ruben loue deux vertus qui ont brillé avec éclat dans le P. Lejeune comme dans saint Jean-Baptiste, savoir sa pénitence et son humilité (p. 107-129); il exalte ensuite son obéissance, fruit de son humilité (p. 140), et enfin sa confiance en Dieu, qu'il a montrée surtout à l'heure de la mort. (p. 142.)

Ici « le panégyriste raconte ses derniers moments; et, par un mouvement oratoire dont Bossuet n'avait pas encore donné le modèle, l'orateur chrétien, faisant un retour sur lui-même, demande à finir comme le saint missionnaire (1) » : — « O mort précieuse! s'écrie-t-il, ô consommation désirable ! Que mon âme meure de la mort de ce grand serviteur, et que ma fin dernière soit semblable à la sienne » ! (p. 145.)

Troisième partie. — L'orateur, dans la troisième partie de son discours, expliquant les dernières paroles de son texte : — *Hic venit in testimonium, ut testimonium perhiberet de lumine, ut omnes crederent per illum*, — montre que le P. Lejeune a rendu témoignage à la lumière, c'est-à-dire à Jésus-Christ, en le faisant connaître en tout temps, en tous lieux, et de toutes manières; et, continuant sa comparaison entre Jean-Baptiste et Jean Lejeune, il prouve que l'un et l'autre ont été des témoins irréprochables, que l'un et l'autre se sont effacés par humilité, pour mieux faire connaître Jésus-Christ; qu'ils ont été tous les deux des lampes ardentes et brillantes, répandant au dehors la flamme qui brûlait dans leur cœur; et il démontre ce qu'il avance par des traits édifiants de la vie du P. Lejeune et par des exemples touchants. Puis, parlant de ses dispositions intérieures, il les trouve retracées et comme dépeintes das ses sermons imprimés, dont il fait un magnifique éloge, et dont la lecture, ajoute-t-il, a produit partout des fruits merveilleux. Enfin, rappelant les circonstances qui ont accompagné sa mort, il s'écrie : « Ce flambeau n'est pas si tôt éteint, que Dieu lui donne un éclat nouveau, poussant les peuples à lui rendre les honneurs qu'on ne rend qu'aux saints. Il y eut une si grande foule dans l'Oratoire le jour de sa mort qu'on fut obligé de faire appuyer la salle où il étoit exposé, de peur que quelque accident n'interrompît la piété de ce pauvre peuple, qui ne pouvoit se lasser de voir et de vénérer ce corps sacré qui avoit été l'organe et le sanctuaire du Saint-Esprit, et qui, dans cet état même, avoit tant de majesté et d'éclat, qu'on eût dit qu'il étoit plutôt aux portes de la résurrection et de la vie qu'entre les bras de la mort ». (p. 194.)

---

(1) P. Laforest, *Limoges au XVIIe siècle*, p. 574.

« Et vous, Monseigneur, qui l'avez aimé jusqu'à la fin, comme Jésus-Christ a aimé ses disciples, ayant appris la perte que votre diocèse venoit de faire, vous vîntes vous-même répandre des larmes sur cet illustre mort..., et vous donnâtes des témoignages publics de la vénération que vous aviez pour lui, en lui baisant les mains et les pieds... » (p. 195.)

En terminant cette troisième partie, l'orateur dit du P. Lejeune : « Il vit et renaît, il vivra et renaîtra ; sa gloire croîtra toujours tant qu'il y aura, non-seulement dans ce diocèse, mais dans tout le royaume, des pasteurs, des prédicateurs et des prêtres ; et l'on dira qu'une si longue carrière parcourue avec honneur a été si heureusement achevée, et que cette vie si sainte de quatre-vingts années tout entières n'a été qu'un exercice continuel d'une humilité profonde, d'une pénitence pleine, d'un zèle dévorant, d'un désintéressement parfait, d'une pauvreté évangélique, d'une érudition divine, d'une contemplation sublime, d'une action perpétuelle, d'une foi vive, d'une crainte filiale, d'une confiance invincible et d'une charité consommée. » (p. 206.)

Dans sa péroraison, Gabriel Ruben s'adresse aux habitants de Limoges : « Savez-vous bien, Messieurs, et vous particulièrement, Messieurs les habitants de cette ville, que le bonheur que vous avez eu de le voir, de l'entendre et de le posséder si longtemps, sera quelque jour le sujet de votre condamnation ? et que tout ce qu'il a fait pour vous se tournera un jour contre vous, si vous ne profitez de ses prédications et de son exemple? » (p. 208.) « Vous souvenez-vous des menaces que son zèle tira de sa bouche dans le dernier sermon qu'il fit dans cette église et dans la chaire où je suis maintenant, et qui fut le dernier de sa vie? vous souvenez-vous qu'il vous dit que Dieu feroit éclater sa colère sur cette ville, si l'on n'anéantissoit ces maudites assemblées (*les bals*) et pernicieuses coutumes où Dieu est si fort déshonoré et où tant d'âmes périssent malheureusement ?... » (p. 211.)

En résumé, cette oraison funèbre nous fait parfaitement connaître le P. Lejeune, et nous donne une haute idée de la piété, du zèle, de l'éloquence et de l'érudition de Gabriel Ruben.

Jacques Ruben.

Jacques Ruben, frère puîné de Gabriel, naquit à Eymoutiers en 1625. Elevé au sacerdoce, il coopéra avec son frère et Madame Germain à l'établissement du couvent de la Providence à Limoges. En 1664 il devint prieur de Bujaleuf (entre Saint-Léonard et Eymoutiers) par résignation de son frère. Comme lui, il s'attacha au P. Lejeune et partagea ses travaux apostoliques dans les missions. Après la mort du célèbre oratorien, il entra avec son frère dans l'ordre de l'Oratoire, en 1679, et continua d'évangéliser avec le plus grand zèle les villes et les campagnes du Limousin et d'autres provinces. Il mourut le 23 janvier 1688, et fut enseveli auprès du P. Lejeune, dans l'église de l'Oratoire, à Limoges. Une belle épitaphe, gravée sur une lame de cuivre jaune, fut placée sur son tombeau : elle avait été composée par Gabriel Ruben. On nous saura gré de donner le texte de cette épitaphe, qui nous a été conservée par une copie de l'abbé Legros, et qui n'a pas encore été publiée :

J. M. S.

(*Jesu Mariæ Salvatori.*)

HIC IACET R^{VS} PATER IA-
COBVS RUBEN, AENTI-
NVS, SACERDOS ORATORII DNI
IESV ; QVI POTENS OPERE
ET SERMONE, R^{DO} P^{RI} LE-
IEVNE, IVXTA POSITO, SI-
CVT FILIVS, SERVIVIT IN EVAN-
GELIO, IN QVO NEMINEM HA-
BVIT TAM VNANIMEM, ET
QVEM SVI ZELI RELIQVIT
HEREDEM. CVI SVPERSTES,
CONTINVIS MISSIONVM LABO-
RIBVS CONSVMPTVS, PLENVS
MERITIS, IN PACE QVIEVIT
23 IANVARII, ET TANQVAM FI-
LIVS, HIC APPOSITVS EST AD
PATREM, ANNO DNI 1686. Æ-
TATIS SVÆ SEXAGESIMO PRIMO.

F. P. (*Frater posuit*). (1)

---

(1) ABBÉ LEGROS, *Continuation des Annales du Limousin*, T. II, p. 7. — *Recueil d'Inscriptions*, p. 50. (*Bibliothèque du Grand-Séminaire.*)

En voici la traduction : « Ci-gît le Révérend Père Jacques Ruben, d'Eymoutiers, prêtre de l'Oratoire de Jésus ; puissant en œuvres et en paroles, il seconda, comme un fils, dans la prédication de l'Evangile, le Révérend Père Lejeune, inhumé près de lui. Celui-ci n'eut personne qui lui fût plus uni d'esprit et de cœur; et il le laissa héritier de son zèle. Ayant survécu à ce digne maître, et étant accablé par les travaux continuels des missions, plein de mérites, il s'endormit dans la paix du Seigneur le 23 janvier, et il fut enseveli ici, comme un fils auprès de son père, l'an du Seigneur 1686, dans la soixante-unième année de son âge. Son frère lui a élevé ce tombeau. »

On remarquera que cette épitaphe est composée presque tout entière avec des locutions et des textes empruntés à la sainte Ecriture : « *Potens opere et sermone* » (LUC., XXIV, 19) ; *Sicut filius servivit in Evangelio* (PHILIP., II, 22) ; *Neminem habuit tam unanimem* (PHILIP., II, 20) ; *Appositus est ad patrem* (I MACHAB., II, 69), etc. Les deux sigles F. P. (*frater posuit*) qui terminent cette épitaphe indiquent clairement que Gabriel Ruben en est l'auteur.

« Cette épitaphe, dit l'abbé Legros, [qui était] autrefois gravée sur une lame de cuivre appliquée à sa tombe, dans l'ancienne église des PP. de l'Oratoire de Limoges, ainsi que celle du P. Lejeune, ne sont plus exposées aux yeux du public, parce que, quand, en 1765, on bâtit la nouvelle église des Oratoriens, les ossements de ces deux vénérables missionnaires furent transférés dans un caveau du nouvel édifice ; et, quand on démolit l'ancien, on enleva les lames de cuivre qui contenaient les épitaphes que nous y avons vues, et nous ignorons ce qu'elles sont devenues depuis (1). »

« Vers 1752, ajoute le même écrivain, nous avons vu ouvrir son tombeau. Il était renfermé dans une bière de plomb. Lorsqu'on le découvrit, le corps et les vêtements sacerdotaux dont il était revêtu parurent d'abord sains et entiers ; mais, quand on voulut y toucher, tout tomba en poussière, excepté les ossements, qui conservèrent leur consistance. Alors on recouvrit la bière, qui resta en cet état jusque après 1765, qu'on a enlevé le tout, pour transporter dans le caveau de la nouvelle

---

(1) ABBÉ LEGROS, *Vies mss. des saints du Limousin*, T. I, p. 264. (*Bibliothèque du Grand-Séminaire.*)

église la poussière et les ossements. Mais la bière et l'épitaphe, ainsi que celles du P. Lejene, n'ont plus paru depuis (1). »

On sait que la nouvelle église des Oratoriens fut consumée dans le terrible incendie qui dévora ce quartier de Limoges le 6 septembre 1790. Il n'en reste plus maintenant qu'un pan de mur, orné de trois arcades en plein-cintre, qu'on a utilisé dans la construction de la maison de M. Pétiniaud-Champagnac. Beaucoup de papiers importants, relatifs à l'histoire du P. Lejeune et de la maison de l'Oratoire, disparurent dans cet incendie.

Le tombeau du P. Lejeune a malheureusement subi le sort de celui du P. Jacques Ruben. Ecoutons ce que dit à ce sujet l'abbé Tabaraud :

« Le corps du P. Lejeune fut mis dans un cercueil de plomb, et enterré dans le caveau de l'ancienne église. On l'en retira en 1767, lors de la démolition de cette église, et il fut provisoirement déposé daus un autre caveau, et replacé ensuite dans celui de la nouvelle église. On observa dans lès deux translations toutes les formes de respect et de vénération dues à un si précieux dépôt. L'incendie dont on a parlé, arrivé à une époque où il eût été dangereux de ranimer les cendres des saints, de peur de les exposer à être profanées, obligea de laisser le corps du P. Lejeune reposer en paix dans le secret de son tombeau, dans l'espoir que des temps plus favorables permettraient de rendre à sa mémoire les honneurs que réclamaient la piété chrétienne et la reconnaissance publique. Mais quand, après la Restauration, on a voulu s'occuper de son exhumation, on a trouvé qu'il avait subi le sort de tant d'autres monuments vénérables, dont il ne nous reste plus que le souvenir et le regret de leur perte (2). »

Il serait à désirer qu'une plaque commémorative, posée sur l'emplacement de l'ancienne église de l'Oratoire, conservât le souvenir de cet ami de Gabriel et de Jacques Ruben, de ce grand orateur, de ce zélé missionnaire, qui mérita d'être appelé le second apôtre du Limousin.

L'ABBÉ ARBELLOT.

Limoges, 4 mai 1881.

---

(1) LEGROS, *ibid.*, p. 265. — Dans cet article, comme nous en avons déjà fait la remarque, l'abbé Legros a confondu Jacques Ruben avec son frère Gabriel.

(2) *Vie du P. Lejeune*, p. 26, 27.

Limoges. — Imp. CHAPOULAUD FRÈRES.

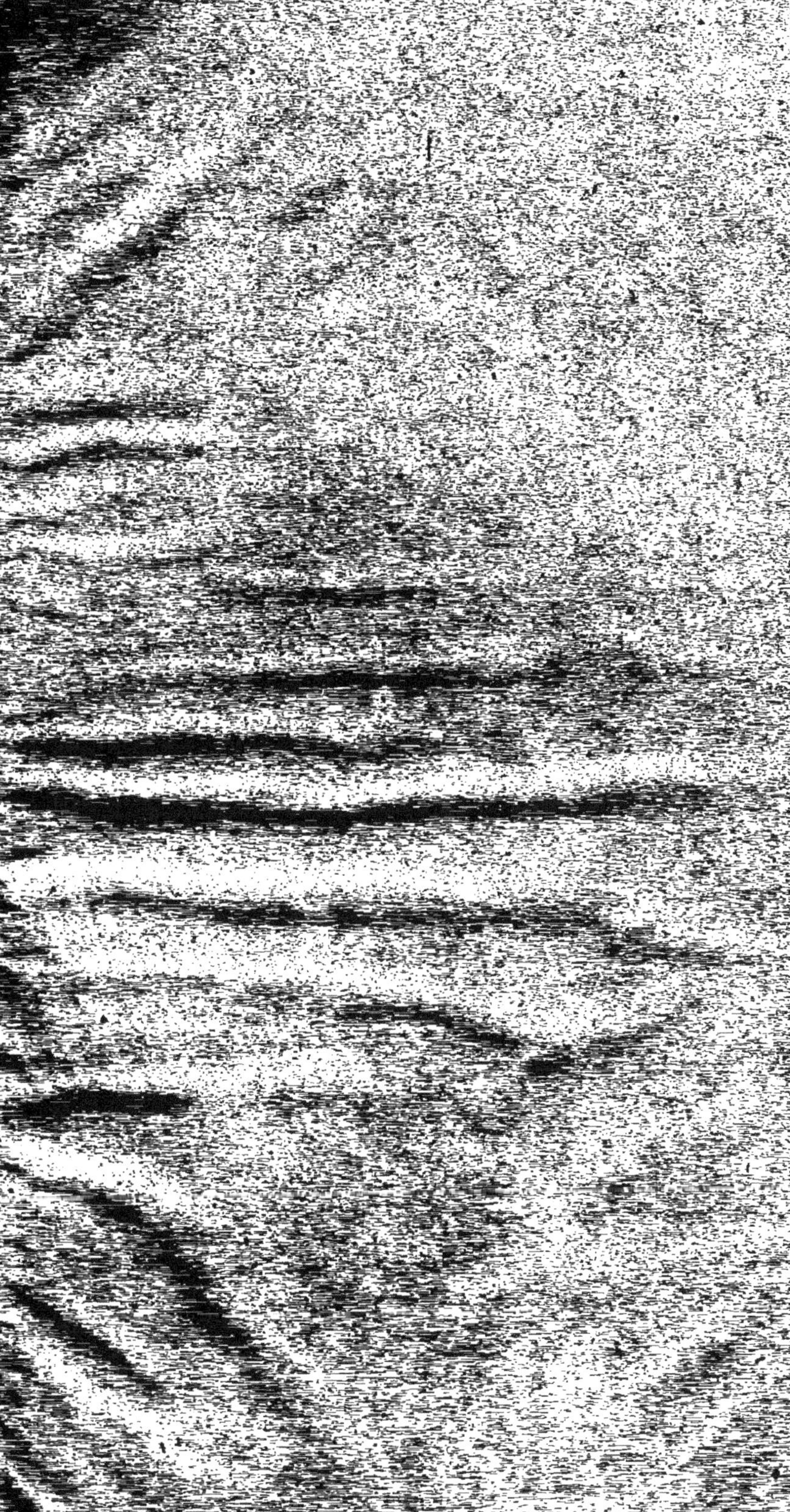

OUVRAGES DU MÊME AUTEUR

Les notices sur le *Tombeau de saint Junien* (1847), sur le *Château de Châlusset* (1851), la *Revue archéologique de la Haute-Vienne* (1854), la *Dissertation sur l'Apostolat de saint Martial et sur l'Antiquité des Eglises de France* (1855), *les Trois Chevaliers défenseurs de la cité de Limoges* (1858), sont épuisées.

HISTOIRE DE LA CATHÉDRALE DE LIMOGES, in-8° de 80 pages, 1852. — A Paris, chez Haton. — Limoges, chez Leblanc et Ducourtieux. — Prix : 2 fr.

PIERRE LE SCOLASTIQUE, ou Fragments d'un poème sur saint Martial (xe siècle), recueillis et publiés pour la première fois, 1857. — A Paris, chez Haton, rue Bonaparte, 33. — Prix : 1 fr. 50 c.

BIOGRAPHIE DE FRANÇOIS DE ROUSIERS, gentilhomme limousin du XVIe siècle, grand in-8° de 100 pages, 1859. — A Paris, chez Haton. — Prix : 2 fr.

DOCUMENTS INÉDITS SUR L'APOSTOLAT DE SAINT MARTIAL, 1860. — A Paris, chez Haton. — Prix : 2 fr. 50 c.

TABLEAU DES EVÊQUES DE LIMOGES, in-fol. — Limoges, chez Ducourtieux. — Prix : 60 c.

VIE DE SAINT LÉONARD, ses miracles et son culte, in-8° de 320 pages, 1863. — A Paris, chez Haton. — Limoges, chez Leblanc, Ducourtieux, Dumont. — Prix : 4 fr.

OBSERVATIONS CRITIQUES A MM. BOURASSÉ ET CHEVALIER SUR LA LÉGENDE DE SAINT AUSTREMOINE ET LES ORIGINES CHRÉTIENNES DE LA GAULE, 1870. — Paris, chez Haton. — Limoges, chez Leblanc. — Prix : 2 fr.

ADÉMAR DE CHABANNES, 1873. — Paris, Champion, quai Malaquais, 15. — Limoges, chez Leblanc, Ducourtieux, Dumont. — Prix : 2 fr.

LE P. BONAVENTURE, PIERRE DE LIMOGES, JEAN DE LIMOGES, etc., 1877. — Limoges, chez Ducourtieux. — Prix : 50 c.

NOTICE SUR LE JUBÉ DE LA CATHÉDRALE DE LIMOGES, in-8°, 1878. — Paris, chez Haton. — Limoges, chez Leblanc, Ducourtieux.

NOTRE-DAME-DU-PONT à Saint-Junien, 1878. — Paris, chez Haton. — Limoges, chez Leblanc, Ducourtieux.

LA VÉRITÉ SUR LA MORT DE RICHARD CŒUR-DE-LION, 1878. — Paris, chez Haton. — Limoges, chez Leblanc, Ducourtieux, Dumont. — Prix : 3 fr.

BIOGRAPHIE DU P. ROUARD DE CARD, 1879, in-8°. — Paris, chez Haton. — Limoges, chez Leblanc, Ducourtieux, Dumont.

ÉTUDE SUR LES ORIGINES CHRÉTIENNES DE LA GAULE, 1re partie : SAINT DENYS DE PARIS, 1880, in-8°. — Paris, chez Haton. — Limoges, chez Leblanc, Ducourtieux, Dumont. — Prix : 3 fr.

SAINT ANTOINE DE PADOUE EN LIMOUSIN, 1880. — Paris, chez Haton. — Limoges, chez Leblanc, Ducourtieux.

LES CHEVALIERS LIMOUSINS A LA PREMIÈRE CROISADE, 1881. — Paris, chez Haton. — Limoges, chez Leblanc, Ducourtieux, Dumont.

www.ingramcontent.com/pod-product-compliance
Ingram Content Group UK Ltd.
Pitfield, Milton Keynes, MK11 3LW, UK
UKHW020441220726
13923UKWH00005B/2263

9 782019 626570